Impressum
Verlag: BABADADA GmbH, Nedderfeld 112 , 22529 Hamburg
Geschäftsführer / Verlagsleitung: Harald Hof
Druck: Books on Demand GmbH, In de Tarpen 42, 22848 Norderstedt

Imprint
Publisher: BABADADA GmbH, Nedderfeld 112 , 22529 Hamburg, Germany
Managing Director / Publishing direction: Harald Hof
Print: Books on Demand GmbH, In de Tarpen 42, 22848 Norderstedt, Germany

Szkoła
sekolah

Sala lekcyjna
bilik darjah

dzielić
bahagi

186/2

Tablica
papan

Dziedziniec szkolny
laman/taman sekolah

Nauczyciel
guru

Papier
kertas

pisać
tulis

Pisak
pen

Biurko
meja

Liniał
pembaris

Książka
buku

Uczeń
murid

Plecak szkolny

beg galas

Piórnik

kotak pensel

Ołówek

pensel

Temperówka

pengasah pensel

Gumka do mazania

pemadam

Blok rysunkowy

kertas lukisan

Rysunek

melukis

Pędzel

berus lukis

Pudełko z akwarelami

kotak warna

Nożyce

gunting

Klej

gam

Książka do ćwiczenia

buku latihan

Zadanie domowe

kerja rumah

Liczba

nombor

Dodawać

tambah

odejmować

tolak

mnożyć

darab

liczyć

kira

Litera

huruf

Alfabet

abjad

Słowo

kata

Tekst

teks

czytać

baca

Kreda

kapur

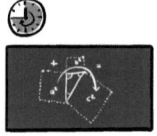

Godzina

pelajaran

Dziennik lekcyjny

daftar

Egzamin

peperiksaan

Świadectwo

sijil

Mundurek szkolny

uniform sekolah

Wykształcenie

pendidikan

Leksykon

ensiklopedia

Uniwersytet

universiti

Mikroskop

mikroskop

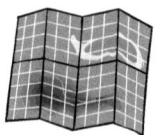

Mapa

peta

Kosz na odpadki

bakul sampah

Hotel
hotel

Grand

Schronisko
asrama

ROOMS

Kantor wymiany walut
pejabat tukaran mata wang

EXCHANGE

Walizka
beg pakaian

Auto
kereta

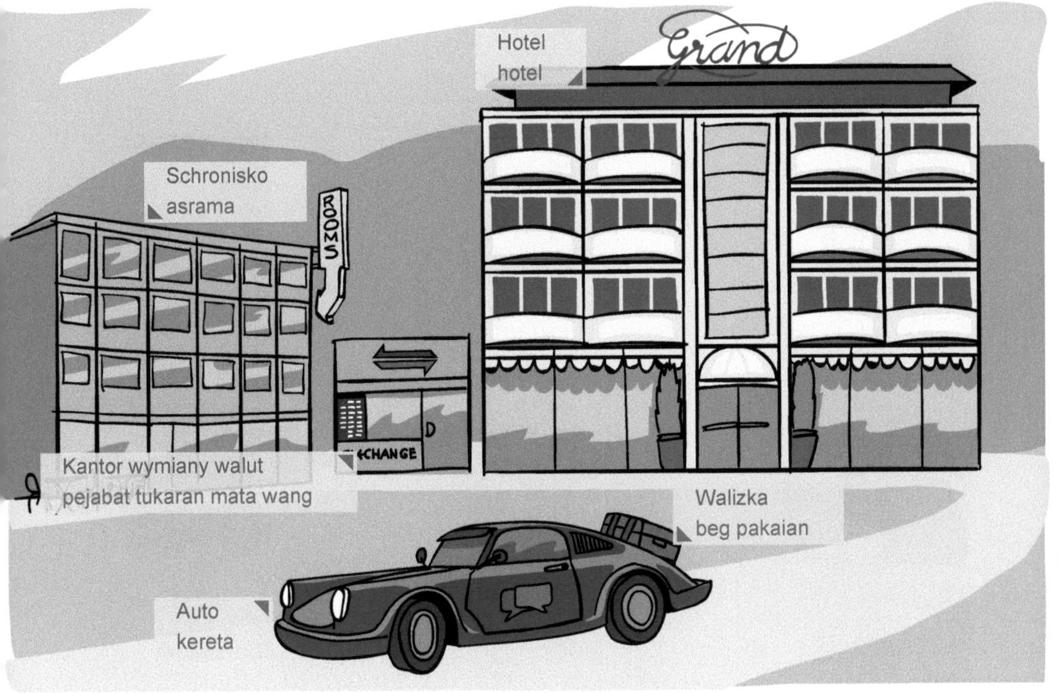

Język
bahasa

tak / nie
ya / tidak

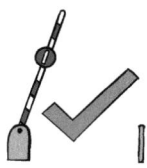

OK
okey

Halo
helo

Tłumacz
penterjemah

Dziękuję
Terima kasih

Ile kosztuje ...?

berapa banyak...?

Nie rozumiem

saya tidak faham

Problem

masalah

Dobry wieczór!

Selamat petang!

Dzień dobry!

Selamat Pagi!

Dobranoc!

Selamat Malam!

Do widzenia

selamat tinggal

Kierunek

arah

Bagaż

bagasi

Torba

beg

Plecak

beg galas

Gość

tetamu

Pokój

bilik tidur

Śpiwór

beg tidur

Namiot

khemah

Informacja turystyczna

maklumat pelancong

Plaża

pantai

Karta kredytowa

kad kredit

Śniadanie

sarapan

Obiad

makan tengah hari

Kolacja

makan malam

Bilet

tiket

Winda

lif

Znaczek na list

setem

Granica

sempadan

Cło

kastam

Ambasada

kedutaan

Wiza

visa

Paszport

pasport

Transport
pengangkutan

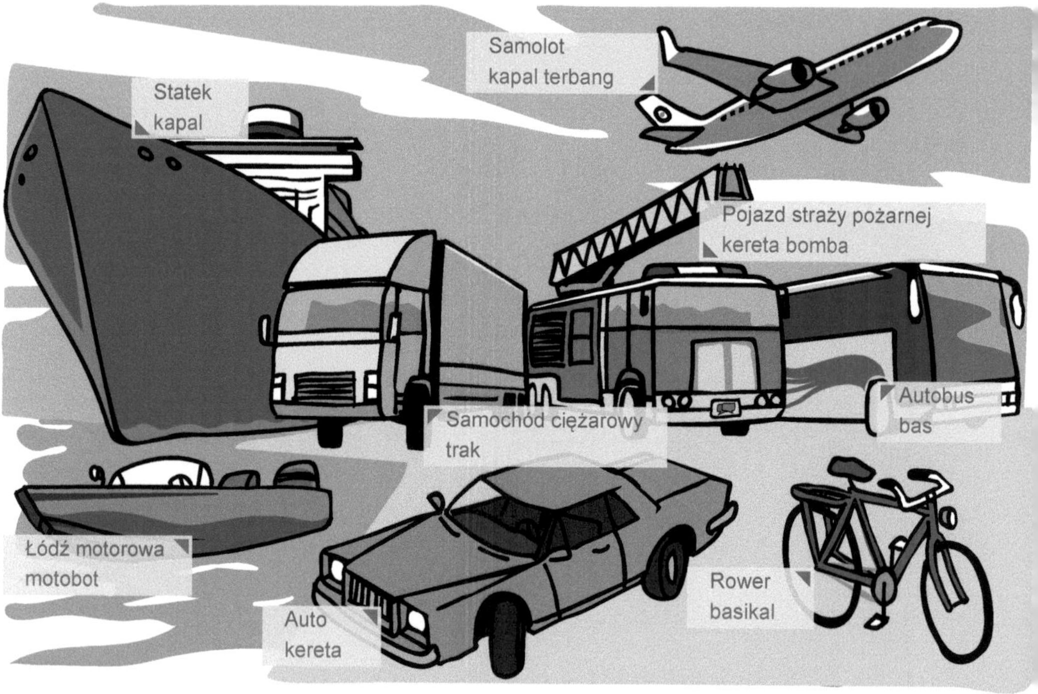
Samolot
kapal terbang
Statek
kapal
Pojazd straży pożarnej
kereta bomba
Autobus
bas
Samochód ciężarowy
trak
Łódź motorowa
motobot
Rower
basikal
Auto
kereta

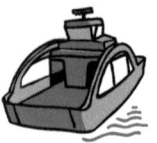

Prom
feri

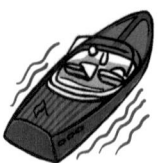

Łódź
bot

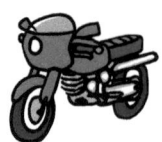

Motocykl
motosikal

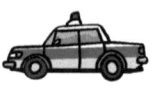

Radiowóz policyjny
kereta polis

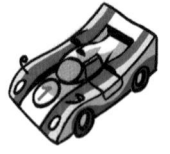

Samochód wyścigowy
kereta lumba

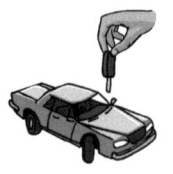

Samochód wypożyczony
kereta sewa

Wspólne przejazdy
samochodem
berkongsi kereta

Samochód pomocy
drogowej
trak tunda

Śmieciarka

trak menolak

Silnik

motor

Benzyna

bahan api

Stacja benzynowa

stesen minyak

Znak drogowy

tanda trafik

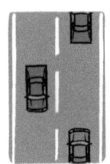

Ruch

trafik

Korek

kesesakan lalu lintas

Parking

tempat parkir

Dworzec

stesen kereta api

Szyny

trek

Pociąg

kereta api

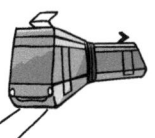

Tramwaj

trem

Wagon

gerabak

Helikopter

helikopter

Lotnisko

lapangan terbang

Wieża

Menara

Pasażer

penumpang

Kontener

bekas

Karton

kadbod

Taczka

kart

Kosz

bakul

startować / lądować

berlepas / mendarat

Miasto

bandar

Wieś

kampung

Centrum miasta

pusat bandar

Dom

rumah

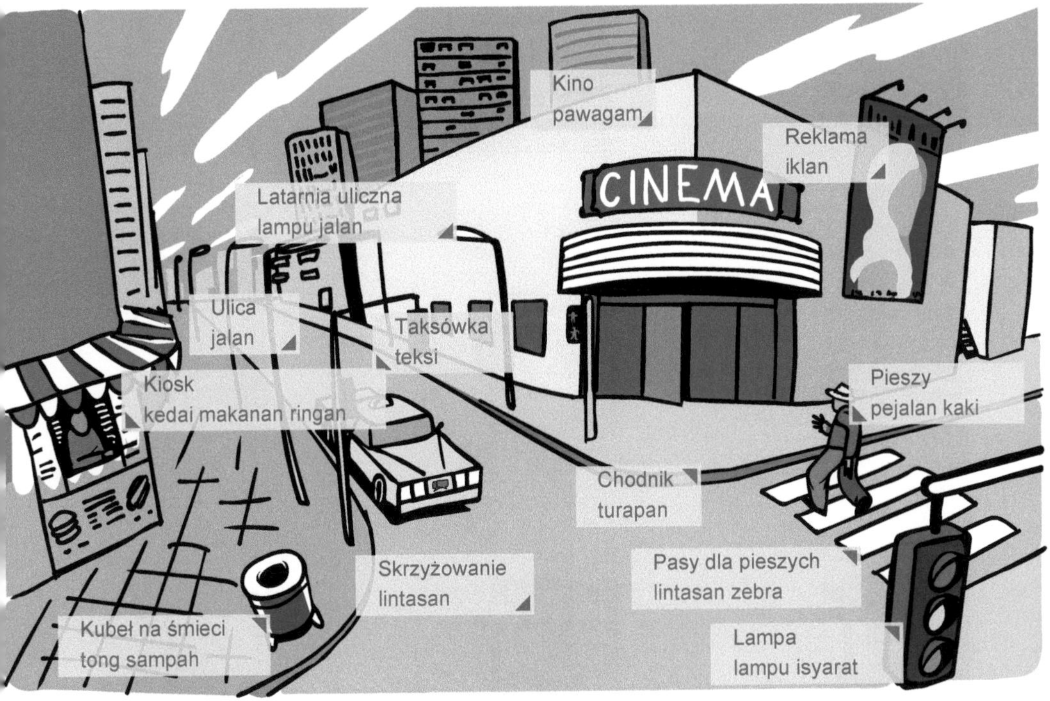

Kino
pawagam

Reklama
iklan

Latarnia uliczna
lampu jalan

CINEMA

Ulica
jalan

Taksówka
teksi

Pieszy
pejalan kaki

Kiosk
kedai makanan ringan

Chodnik
turapan

Skrzyżowanie
lintasan

Pasy dla pieszych
lintasan zebra

Kubeł na śmieci
tong sampah

Lampa
lampu isyarat

Chata

pondok

Mieszkanie

flat

Dworzec

stesen kereta api

Ratusz

dewan bandar

Muzeum

muzium

Szkoła

sekolah

Uniwersytet

universiti

Bank

bank

Szpital

hospital

Hotel

hotel

Apteka

farmasi

Biuro

pejabat

Księgarnia

kedai buku

Sklep

kedai

Kwiaciarnia

kedai bunga

Supermarket

pasar raya

Rynek

pasaran

Dom towarowy

gedung

Sklep z rybami

penjual ikan

Centrum handlowe

pusat membeli-belah

Port

pelabuhan

Park

taman

Ławka

bangku

Most

jambatan

Schody

tangga

Metro

bawah tanah

Tunel

terowong

Przystanek autobusowy

hentian bas

Bar

bar

Restauracja

restoran

Skrzynka na listy

peti surat

Tabliczka z nazwą ulicy

papan tanda jalan

Parkometr

meter parkir

Zoo

zoo

Łaźnia

kolam renang

Meczet

masjid

Gospodarstwo chłopskie

ladang

Zanieczyszczenie środowiska
pencemaran

Cmentarz

tanah perkuburan

Kościół

gereja

Plac zabaw

taman permainan

Świątynia

kuil

landskap

Liść
daun

Drogowskaz
tiang tanda

Droga
jalan

Łąka
padang rumput

Kamień
batu

Wędrowiec
pejalan kaki

Drzewo
pokok

Rzeka
sungai

Trawa
rumput

Kwiat
bunga

Dolina

lembah

Góra

bukit

Jezioro

tasik

Las

hutan

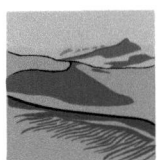

Pustynia

padang pasir

Wulkan

gunung berapi

Zamek

istana

Tęcza

pelangi

Grzyb

cendawan

Palma

pokok kelapa sawit

Komar

nyamuk

Mucha

terbang

Mrówka

semut

Pszczoła

lebah

Pająk

labah-labah

Chrząszcz

kumbang

Żaba

katak

Wiewiórka

tupai

Jeż

landak

Zając

arnab

Sowa

burung hantu

Ptak

burung

Łabędź

angsa

Dzik

babi jantan

Jeleń

rusa

Łoś

moose

Tama

empangan

Wiatrak

turbin angin

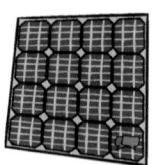

Moduł solarny

panel solar

Klimat

iklim

Restauracja
restoran

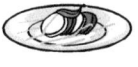

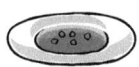

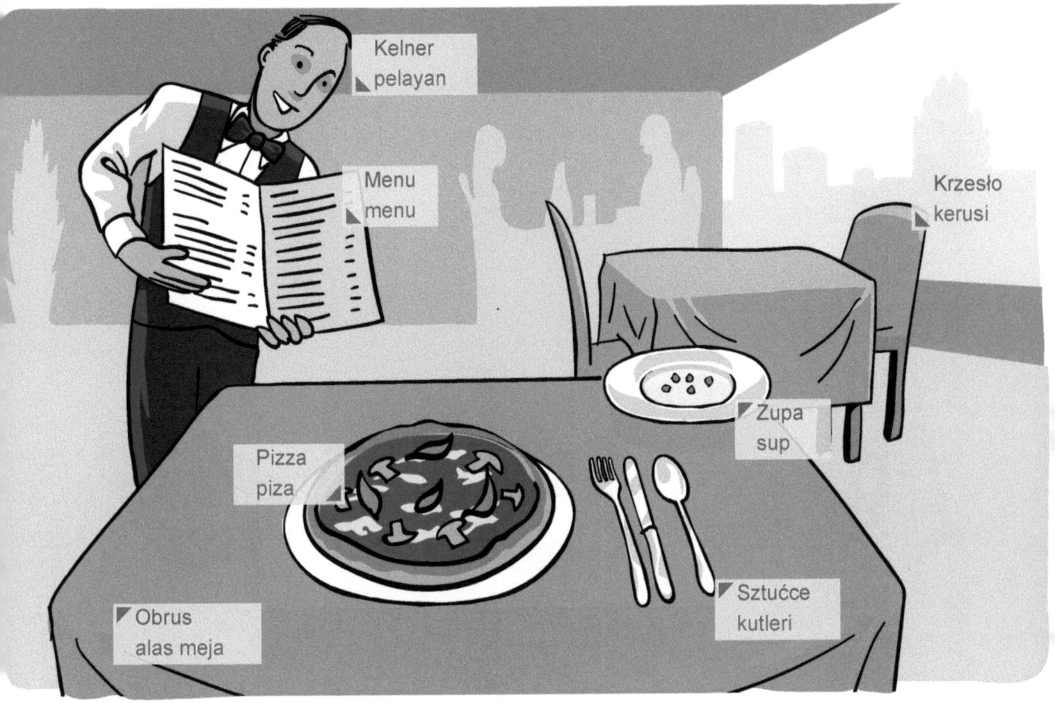

Kelner
pelayan
Menu
menu
Krzesło
kerusi
Zupa
sup
Pizza
piza
Sztućce
kutleri
Obrus
alas meja

Przystawka

pemula

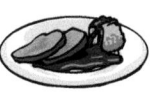

Danie główne

hidangan utama

Deser

pencuci mulut

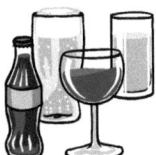

Napoje

minuman

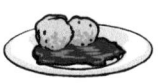

Jedzenie

makanan

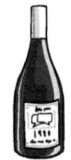

Butelka

botol

Fastfood

makanan segera

Streetfood

makanan jalanan

Dzbanek na herbatę

teko

Cukierniczka

mangkuk gula

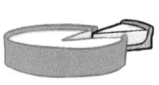

Porcja

bahagian

Zaparzarka do espresso

mesin espreso

Krzesło dla dziecka

kerusi tinggi

Rachunek

bil

Taca

dulang

Noż

pisau

Widelec

garfu

Łyżka

sudu

Łyżeczka

sudu teh

Serwetka

serviette

Szklanka

gelas

Talerz

pinggan

Talerz do zupy

mangkuk sup

Podstawek pod filiżankę

piring

Sos

sos

Solniczka

tempat garam

Młynek do pieprzu

pengisar lada

Ocet

cuka

Olej

minyak

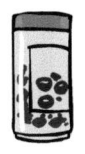

Przyprawy

rempah

Keczup

sos

Musztarda

mustard

Majonez

mayones

Supermarket

pasar raya

Oferta
tawaran istimewa
FOR
Klient
pelanggan
Produkty mleczne
tenusu
Owoce
buah-buahan
Wózek sklepowy
troli

BUTCHERS

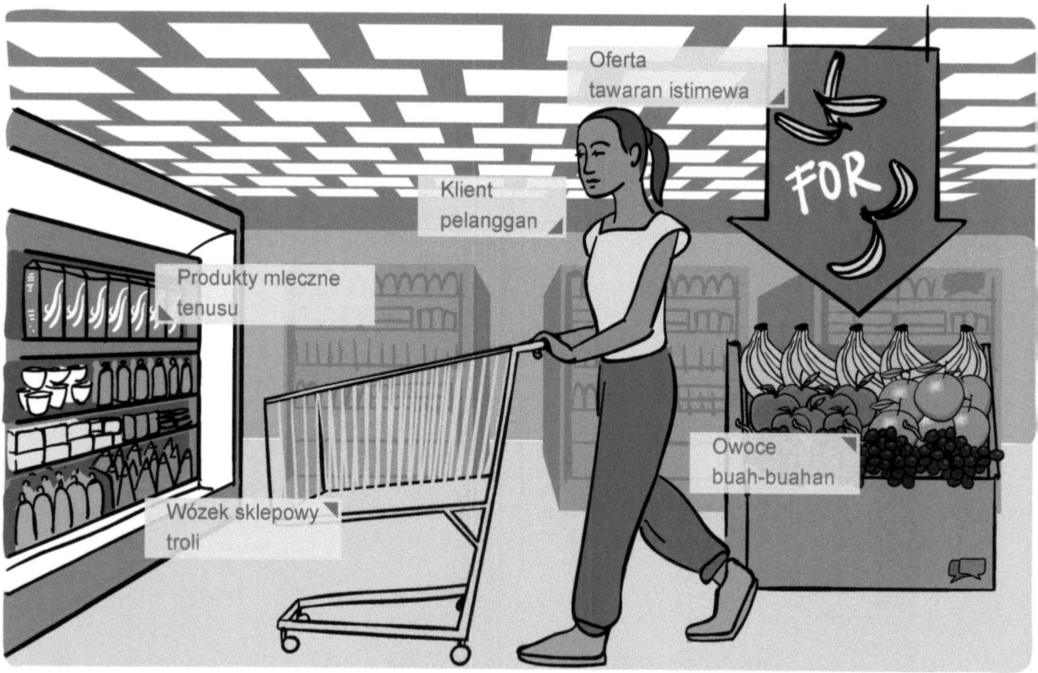

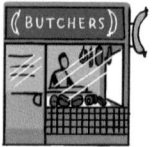

Rzeźnia

tukang daging

BAKERY

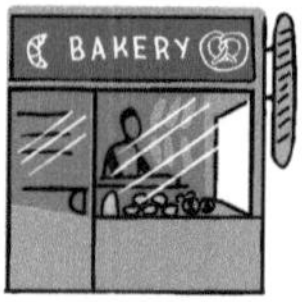

Piekarnia

kedai roti

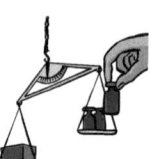

ważyć

berat

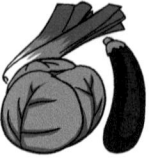

Warzywa

sayur-sayuran

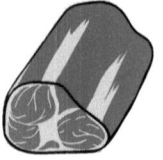

Mięso

daging

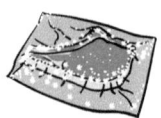

Mrożonki

makanan sejuk beku

Wędliny

daging sejuk

Konserwy

makanan dalam tin

Proszek m do prania

serbuk pencuci

Słodycze

gula-gula

Artykuły użytku domowego

produk isi rumah

Środek czyszczący

produk pembersihan

Sprzedawczyni

orang jualan

Kasa

daftar tunai

Kasjer

juruwang

Lista zakupów

senarai membeli-belah

Godziny otwarcia

waktu pembukaan

Portfel

beg duit

Karta kredytowa

kad kredit

Torba

beg

Torebka plastikowa

beg plastik

Woda

air

Sok

jus

Mleko

susu

Cola

kola

Wino

wain

Piwo

bir

Alkohol

alkohol

Kakao

koko

Herbata

the

Kawa

kopi

Espresso

espreso

Cappuccino

kapucino

Banan

pisang

Jabłko

epal

Pomarańcza

oren

Arbuz

tembikai

Cytryna

lemon

Marchew

lobak merah

Czosnek

bawang putih

Bambus

buluh

Cebula

bawang

Grzyb

cendawan

Orzechy

kacang

Makaron

mi

Spaghetti

spageti

Ryż

nasi

Sałatka

salad

Frytki

kerepek

Ziemniaki pieczone

kentang goreng

Pizza

piza

Hamburger

hamburger

Kanapka

sandwic

Sznycel

kutlet

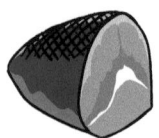

Szynka

ham

Salami

salami

Kiełbasa

sosej

Kura

ayam

Pieczeń

panggang

Ryba

ikan

Płatki owsiane

bubur oat

Musli

muesli

Płatki kukurydziane

emping jagung

Mąka

tepung

Croissant

kroisan

Bułka

roti roll

Chleb

roti

Toast

roti bakar

Ciastka

biskut

Masło

mentega

Twarożek

dadih

Ciasto

kek

Jajko

telur

Jajko sadzone

telur goreng

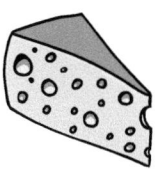

Ser

keju

Lody

ais krim

Cukier

gula

Miód

madu

Marmolada

jem

Krem nugatowy

krim nougat

Curry

kari

Gospodarstwo chłopskie

ladang

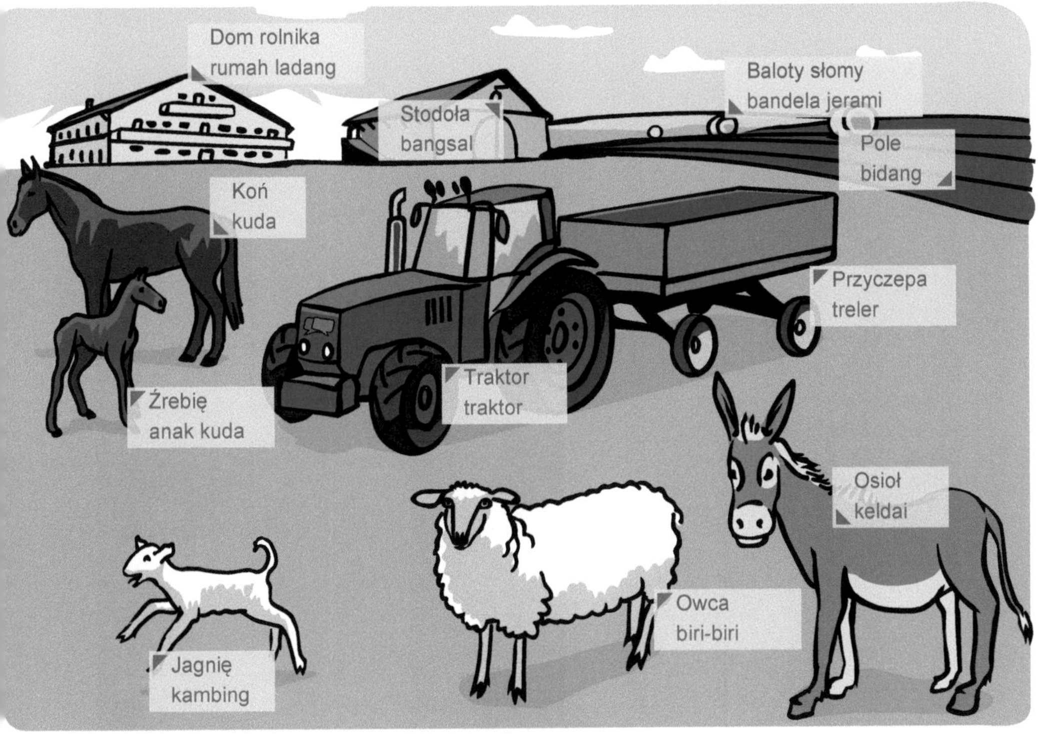
Dom rolnika
rumah ladang
Stodoła
bangsal
Baloty słomy
bandela jerami
Pole
bidang
Koń
kuda
Przyczepa
treler
Traktor
traktor
Źrebię
anak kuda
Osioł
keldai
Owca
biri-biri
Jagnię
kambing

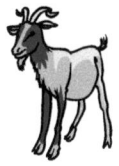

Koza

kambing

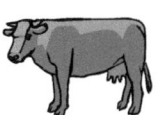

Krowa

lembu

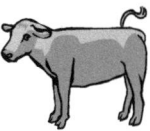

Cielę

anak lembu

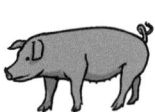

Świnia

babi

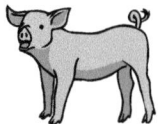

Prosię

anak babi

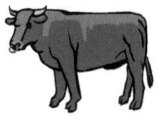

Byk

lembu

Gęś

angsa

Kaczka

itik

Kurczątko

anak ayam

Kura

ayam betina

Kogut

ayam jantan muda

Szczur

tikus

Kot

kucing

Mysz

tikus

Osioł

lembu jantan

Pies

anjing

Buda dla psa

rumah anjing

Wąż ogrodowy

hos taman

Konewka

bekas siraman

Kosa

sabit

Pług

bajak

Sierp

sabit

Graca

cangkul

Widły

serampang peladang

Siekiera

kapak

Taczka

kereta sorong

Koryto

palung

Kanka na mleko

tin susu

Worek

karung

Płot

pagar

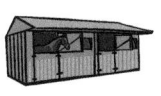

Stajnia

stabil

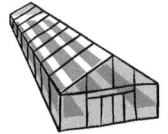

Szklarnia

rumah hijau

Ziemia

tanah

Nasiona

benih

Nawóz

baja

Kombajn zbożowy

jentuai

zbierać
....
tuai

Żniwa
....
menuai

Podchrzyn
....
keladi

Pszenica
....
gandum

Soja
....
soya

Ziemniak
....
kentang

Kukurydza
....
jagung

Rzepak
....
biji sawi

Drzewo owocowe
....
pokok buah-buahan

Maniok
....
ubi kayu

Zboże
....
bijirin

Dom
rumah

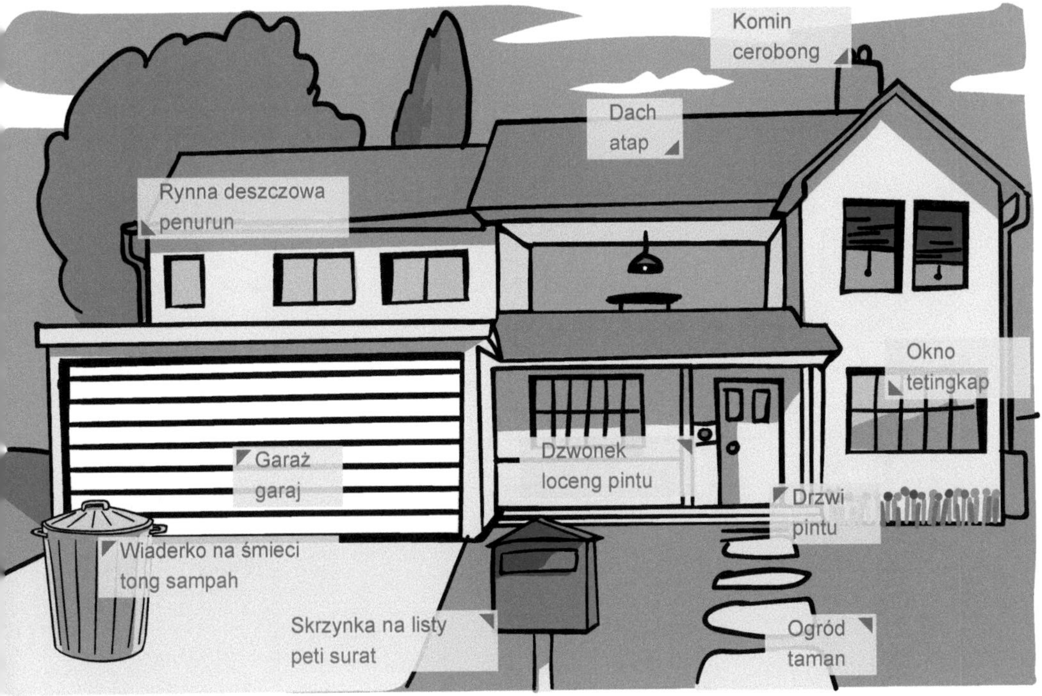

Komin
cerobong
Dach
atap
Rynna deszczowa
penurun
Okno
tetingkap
Dzwonek
loceng pintu
Garaż
garaj
Drzwi
pintu
Wiaderko na śmieci
tong sampah
Skrzynka na listy
peti surat
Ogród
taman

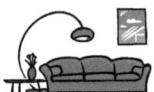

Pokój dzienny
ruang tamu

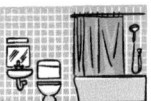

Łazienka
bilik air

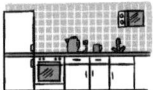

Kuchnia
dapur

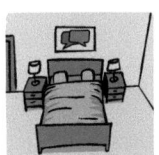

Sypialnia
bilik tidur

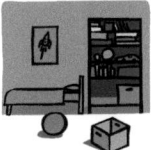

Pokój dziecięcy
bilik kanak-kanak

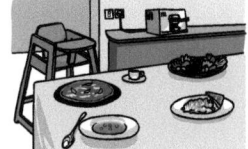

Jadalnia
ruang makan

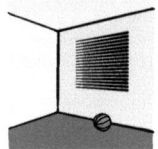

Ziemia

lantai

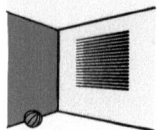

Ściana

dinding

Koc

siling

Piwnica

bilik bawah tanah

Sauna

sauna

Balkon

balkoni

Taras

teres

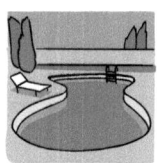

Basen

kolam renang

Kosiarka do trawy

pemotong rumput

Poszwa

lembaran

Kołdra

penutup tilam

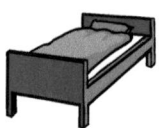

Łóżko

katil

Miotła

penyapu

Wiadro

timba

Włącznik

suis

Pokój dzienny
ruang tamu

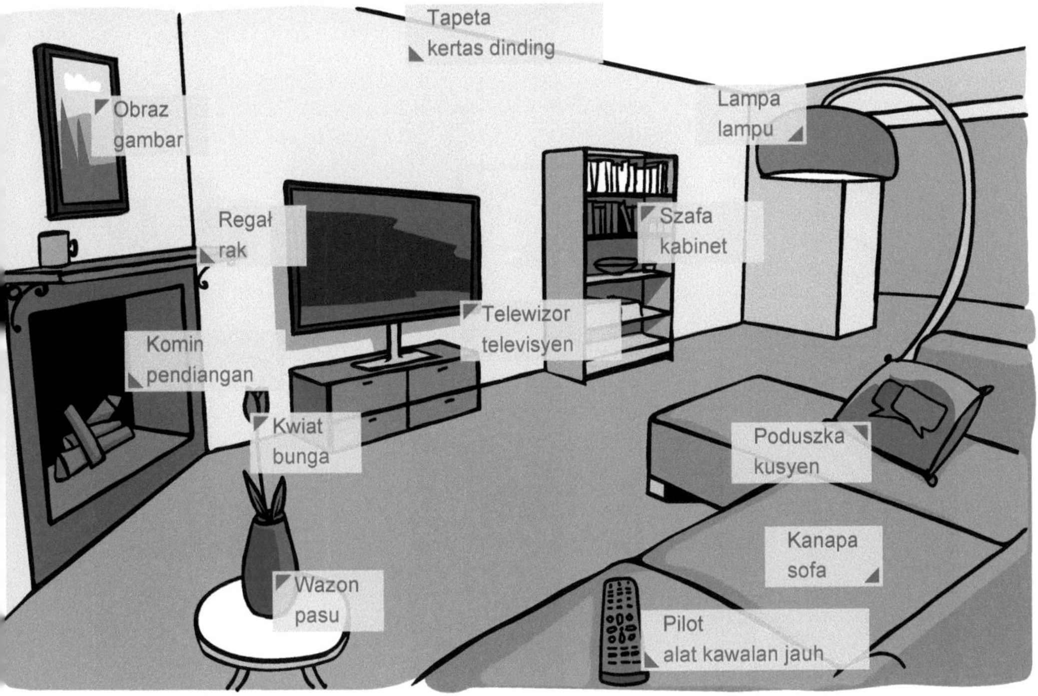

Tapeta
kertas dinding
Obraz
gambar
Lampa
lampu
Regał
rak
Szafa
kabinet
Telewizor
televisyen
Komin
pendiangan
Kwiat
bunga
Poduszka
kusyen
Kanapa
sofa
Wazon
pasu
Pilot
alat kawalan jauh

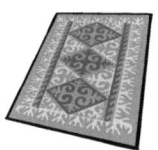

Dywan

permaidani

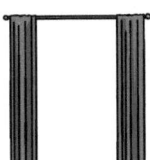

Zasłona

tirai

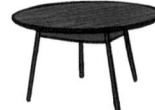

Stół

meja

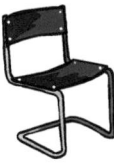

Krzesło

kerusi

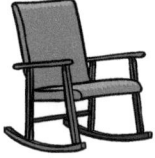

Bujak

kerusi malas

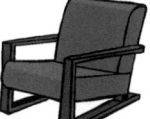

Fotel

kerusi

Książka

buku

Sufit

selimut

Dekoracja

hiasan

Drewno kominkowe

kayu api

Film

filem

Instalacja stereo

hi-fi

Klucz

kunci

Gazeta

akhbar

Malunek

lukisan

Plakat

poster

Radio

radio

Notatnik

buku catatan

Odkurzacz

penyedut habuk

Kaktus

kaktus

Świeczka

lilin

Kuchnia
dapur

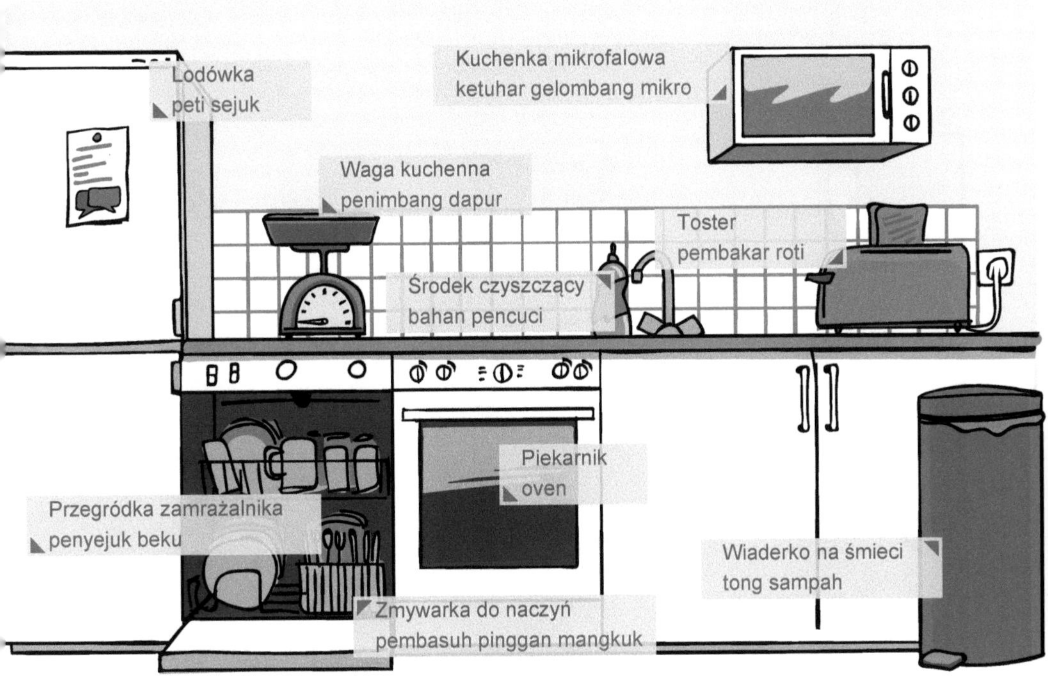

Lodówka
peti sejuk
Kuchenka mikrofalowa
ketuhar gelombang mikro
Waga kuchenna
penimbang dapur
Toster
pembakar roti
Środek czyszczący
bahan pencuci
Piekarnik
oven
Przegródka zamrażalnika
penyejuk beku
Wiaderko na śmieci
tong sampah
Zmywarka do naczyń
pembasuh pinggan mangkuk

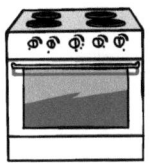

Kuchenka

periuk dapur

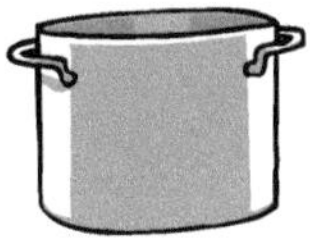

Garnek

periuk

Kocioł żeliwny

periuk besi

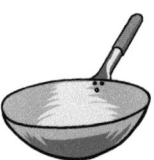

Wok / Kadai

kuali

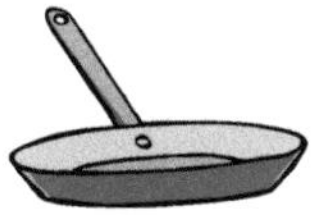

Patelnia

pan

Czajnik

cerek

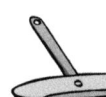

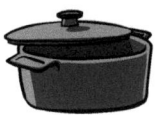

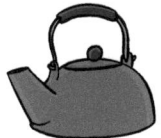

Parowar

pengukus

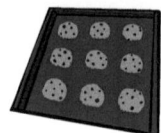

Blacha do pieczenia

dulang pembakar

Naczynia kuchenne

pinggan mangkuk

Kubek

koleh

Miska

mangkuk

Pałeczki

penyepit

Nabierka

senduk

Łopatka do smażenia

spatula

Trzepaczka do śmietany

pengadun

Cedzak

penapis

Sitko

ayak

Tarka

pemarut

Moździerz

mortar

Grillowanie

barbeku

Palenisko

pembakaran terbuka

Deska

papan pencincang

Wałek do ciasta

pin golekan

Korkociąg

skru gabus

Puszka

tin

Otwieracz do puszek

pembuka tin

Ściereczka do trzymania garnka

pemegang periuk

Umywalka

sinki

Szczotka

berus

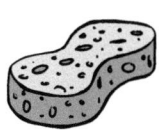

Gąbka

span

Mikser

pengisar

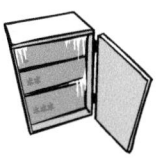

Zamrażarka

penyejuk beku

Butelka dla niemowlęcia

botol bayi

Kran

paip

Łazienka
bilik air

Ogrzewanie
pemanasan
Ręcznik
tuala
Prysznic
mandi
Kotara prysznicowa
tirai mandi
Płyn do kąpieli
mandi buih
Wanna kąpielowa
tab mandi
Szklanka
gelas
Pralka
mesin basuh
Kafelki
jubin
Kran
paip
Nocnik
tandas
Umywalka
sinki

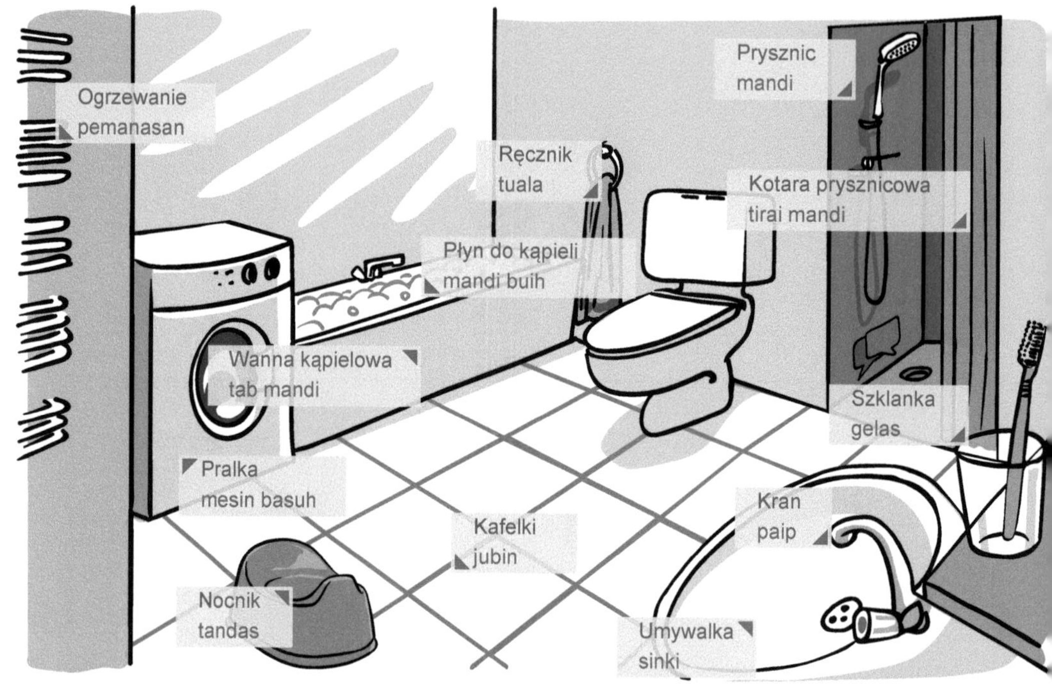

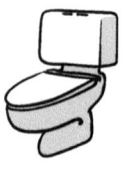

Toaleta

tandas

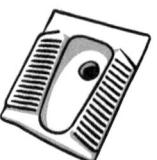

Toaleta kuczna

tandas mencangkung

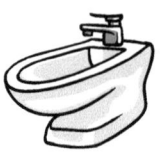

Bidet

mangkuk tandas

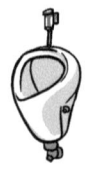

Pisuar

tandas awam

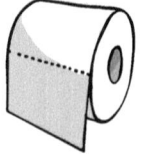

Papier toaletowy

kertas tandas

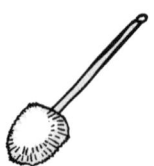

Szczotka toaletowa

berus tandas

Szczoteczka do zębów

berus gigi

Pasta do zębów

ubat gigi

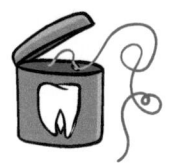

Nitki do czyszczenia zębów

flos gigi

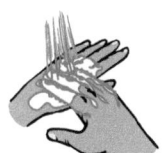

myć

cuci

Głowica prysznicowa

mandian tangan

Płyn kąpielowy do higieny intymnej

pancuran

Miska do mycia

besen

Szczotka kąpielowa

belakang berus

Mydło

sabun

Żel prysznicowy

gel mandian

Szampon

syampu

Rękawica kąpielowa

flanel

Odpływ

longkang

Krem

krim

Dezodorant

deodoran

Lustro

cermin

Lustro kosmetyczne

cermin tangan

Golarka

pisau cukur

Pianka do golenia

busa cukur

Woda po goleniu

selepas cukur

Grzebień

sikat

Szczotka

berus

Suszarka do włosów

pengering rambut

Spray do włosów

semburan rambut

Makijaż

mekap

Pomadka

gincu

Lakier do paznokci

varnis kuku

Wata

bulu kapas

Nożyczki do paznokci

gunting kuku

Perfum

pewangi

Kosmetyczka

beg basuhan

Taboret

bangku

Waga

skala berat

Szlafrok kąpielowy

jubah mandi

Rękawice gumowe

sarung tangan getah

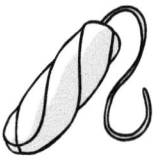

Tampon

kapas

Podpaska damska

tuala wanita

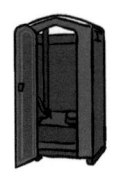

Toaleta chemiczna

tandas kimia

Pokój dziecięcy
bilik kanak-kanak

Budzik
jam loceng
Pluszowa przytulanka
mainan kegemaran
Samochodzik
kereta mainan
Grzechotka
kerincing bayi
Domek dla lalek
rumah anak patung
Prezent
hadiah

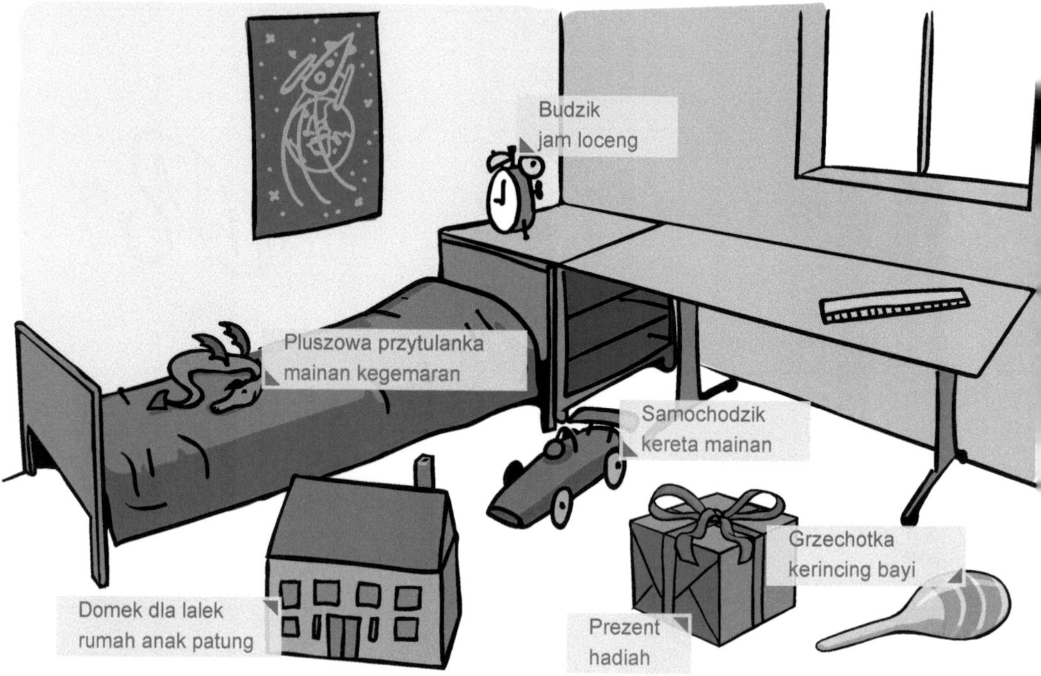

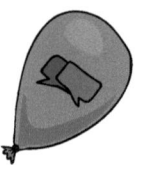

Balon

belon

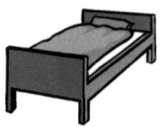

Łóżko

katil

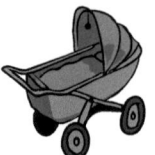

Wózek dziecięcy

kereta sorong bayi

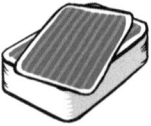

Gra w karty

set kad

Puzzle

susun suai gambar

SUPER
MEGA

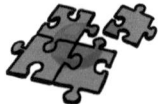

Komiks

komik

Klocki lego

batu bata lego

Klocki

blok mainan

Action figura

figura aksi

Śpioszek dziecięcy

baju bayi

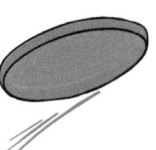

Frisbee

frisbee

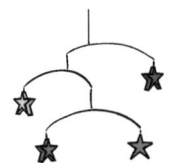

Zabawki ruchome

mainan bayi mudah alih

Gra planszowa

permainan papan

Kości

dadu

Kolejka elektryczna

set model kereta api

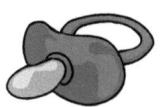

Smoczek

palsu

Przyjęcie

parti

Książka z ilustracjami

buku bergambar

Piłka

bola

Lalka

anak patung

bawić się

main

Piaskownica

lubang pasir

Huśtawka

buai

Zabawki

mainan

Konsola do gier

konsol permainan video

Rowerek trójkołowy

basikal roda tiga

Pluszowy miś

anak patung beruang

Szafa ubraniowa

almari pakaian

Ubiór

pakaian

Skarpety

stoking

Pończochy

stoking

Rajstopy

ketat

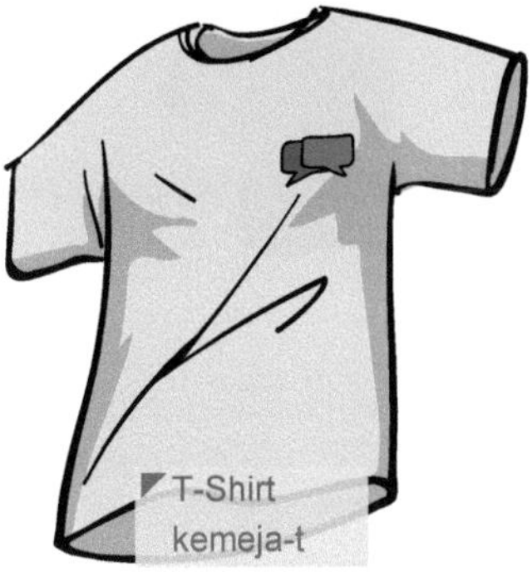

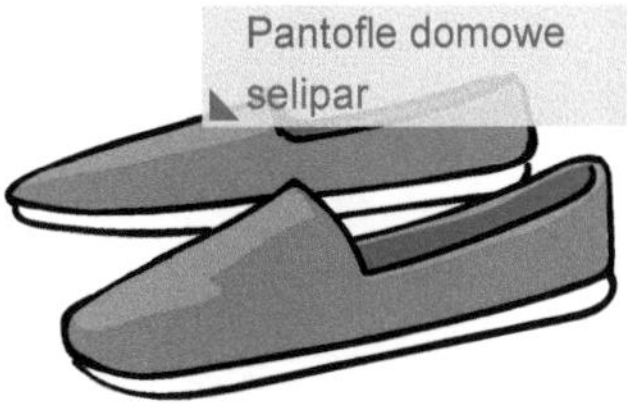

Szal
skarf

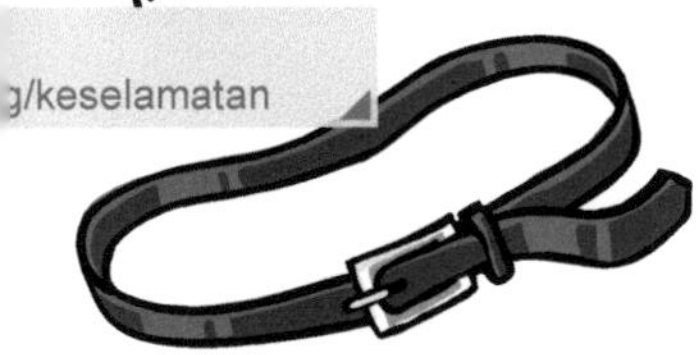

Parasol
payung

T-Shirt
kemeja-t

g/keselamatan

Kozaki
but

Pantofle domowe
selipar

Obuwie sportowe
kasut sukan

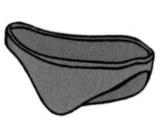

Sandały

sandal

Buty

kasut

Kalosze

but getah

Majtki

seluar dalam

Biustonosz

coli

Podkoszulek

ves

Body

badan

Spodnie

Seluar panjang

Dżins

jean

Spódnica

skirt

Bluzka

blaus

Koszula

kemeja

Pulower

baju panas sarung

Bluza sportowa

sweater

Marynarka

blazer

Kurtka

jaket

Płaszcz

kot

Płaszcz przeciwdeszczowy

baju hujan

Kostium

kostum

Sukienka

pakaian

Suknia ślubna

baju pengantin

Garnitur męski

sut

Koszula nocna

baju tidur

Piżama

baju tidur

Sari

sari

Chusta na głowę

skarf kepala

Turban

serban

Burka

burqa

Kaftan

kaftan

Abaya

abaya/jubah

Strój kąpielowy

baju renang

Kąpielówki

seluar renang

Krótkie spodnie

seluar pendek

Dres sportowy

sut balapan

Fartuch

apron

Rękawiczki

sarung tangan

Guzik

butang

Okulary

cermin mata

Bransoletka

gelang tangan

Łańcuszek

rantai leher

Pierścionek

cincin

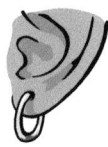

Kolczyk

subang

Czapka

topi

Wieszak

penyangkut kot

Kapelusz

topi

Krawat

tali leher

Zamek błyskawiczny

zip

Kask

topi keledar

Szelki

pendakap

Mundurek szkolny

uniform sekolah

Mundur

seragam

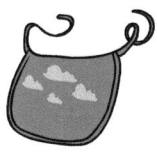

Śliniaczek

lapik dada

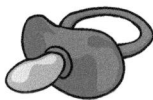

Smoczek

palsu

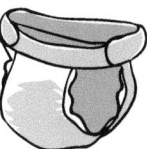

Pieluszka

lampin

Biuro
pejabat

Serwer
pelayan
Szafa na akta
kabinet fail
Drukarka
mesin pencetak
Papier
kertas
Monitor
monitor
Mysz
tetikus
Biurko
meja
Segregator
folder
Klawiatura
papan kekunci
Kosz na odpadki
bakul sampah
Komputer
komputer
Krzesło
kerusi

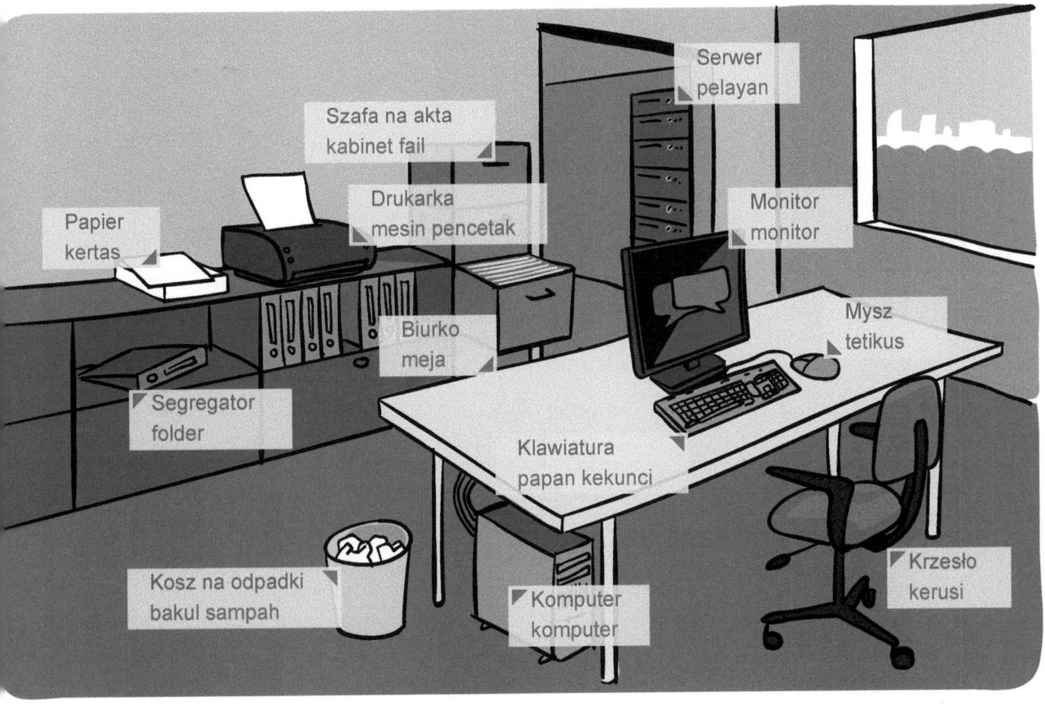

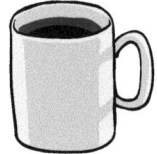

Filiżanka do kawy

cawan kopi

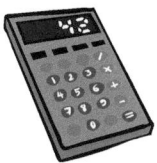

Kalkulator

kalkulator

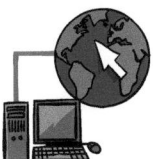

Internet

internet

Laptop

komputer riba

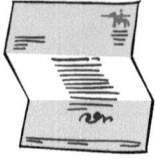

List

surat

Wiadomość

mesej

Komórka

mudah alih

Sieć

rangkaian

Kopiarka

mesin fotokopi

Oprogramowanie

perisian

Telefon

telefon

Gniazdko

soket plag

Faks

mesin faks

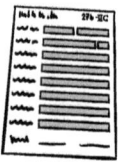

Formularz

bentuk

Dokument

dokumen

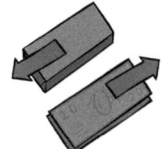

kupić
....
beli

płacić
....
bayar

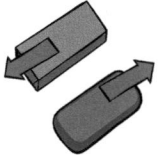

postępować
....
berdagang

Pieniądze
....
wang

 USD

Dolar
....
dolar

 EUR

Euro
....
euro

 JPY

Jen
....
yen

 RUB

Rubel
....
rubel

 CHF

Frank
....
franc swiss

 CNY

Juan Renminbi
....
renminbi yuan

 INR

Rupia
....
rupee

Bankomat
....
mata tunai

Kantor wymiany walut

pejabat tukaran mata wang

Złoto

emas

Srebro

perak

Olej

minyak

Energia

tenaga

Cena

harga

Umowa

kontrak

Podatek

cukai

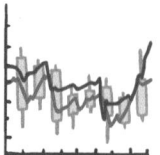

Akcja

stok

pracować

kerja

Pracownik umysłowy

pekerja

Pracodawca

majikan

Fabryka

kilang

Sklep

kedai

Zawody
pekerjaan

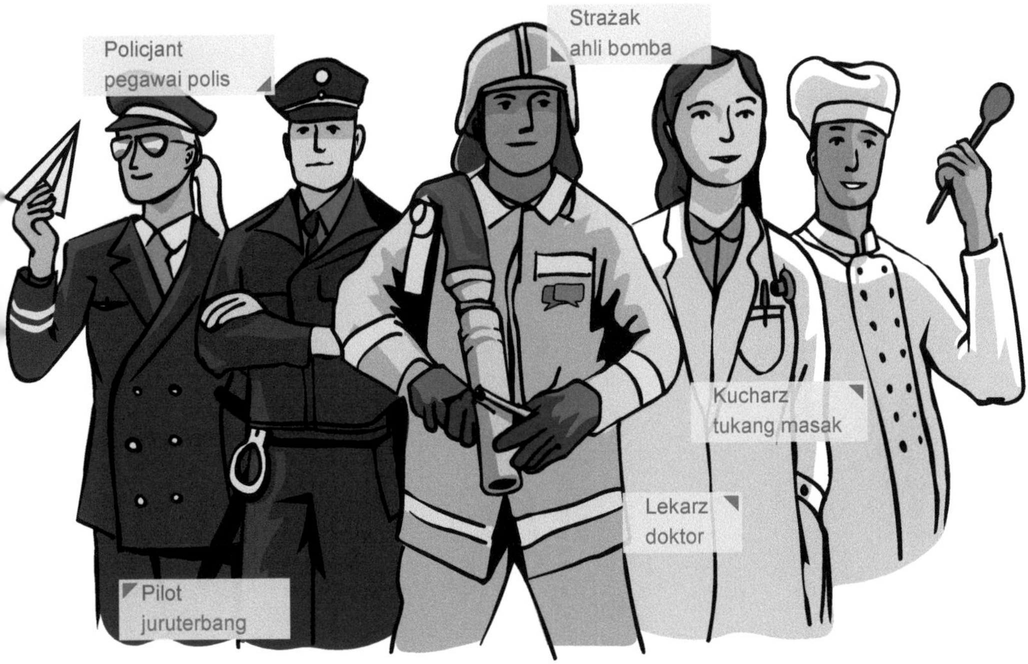

Policjant
pegawai polis
Strażak
ahli bomba
Kucharz
tukang masak
Lekarz
doktor
Pilot
juruterbang

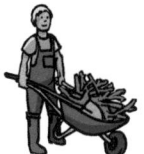

Ogrodnik

tukang kebun

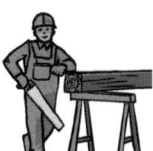

Stolarz

tukang kayu

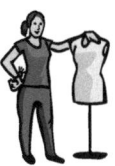

Krawcowa

tukang jahit

Sędzia

hakim

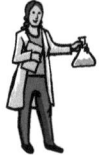

Chemik

ahli kimia

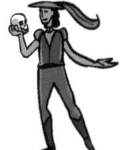

Aktor

pelakon

Kierowca autobusu

pemandu bas

Taksówkarz

pemandu teksi

Fischer

nelayan

Sprzątaczka

wanita pencuci

Dekarz

kasau

Kelner

pelayan

Myśliwy

pemburu

Malarz

pelukis

Piekarz

bakeri

Elektryk

juruelektrik

Robotnik budowlany

pembangun

Inżynier

jurutera

Rzeźnik

penjual daging

Instalator

tukang paip

Listonosz

posmen

Żołnierz

askar

Architekt

arkitek

Kasjer

juruwang

Florysta

kedai bunga

Fryzjer

pendandan rambut

Konduktor

konduktor

Mechanik

mekanik

Kapitan

kapten

Dentysta

doktor gigi

Naukowiec

ahli sains

Rabin

tuhanku

Imam

imam

Mnich

sami

Proboszcz

paderi

Narzędzia
alat

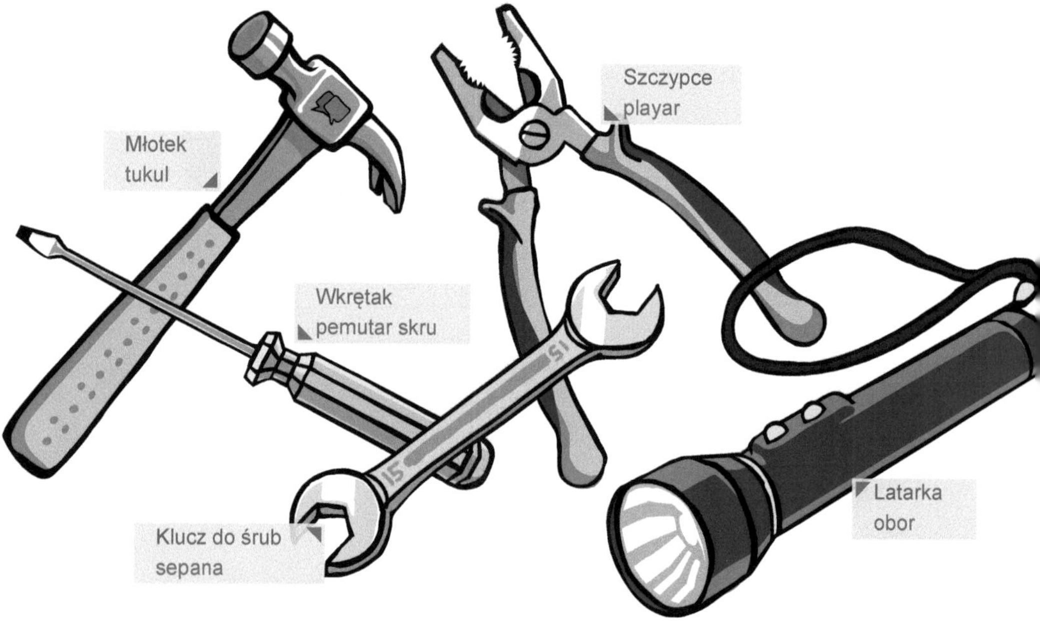
Młotek
tukul
Szczypce
playar
Wkrętak
pemutar skru
Klucz do śrub
sepana
Latarka
obor

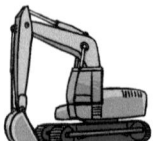

Koparka
pengorek

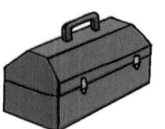

Skrzynka narzędziowa
kotak peralatan

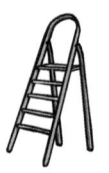

Drabina
tangga

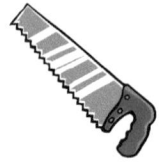

Piła
gergaji

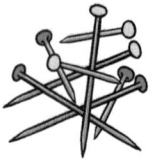

Gwoździe
kuku

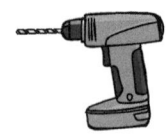

Wiertło
gerudi

naprawić

baiki

Łopatka

penyodok

Cholera!

Celaka!

Szufelka

penadah sampah

Puszka z farbą

periuk cat

Śruby

skru

Instrumenty muzyczne

alat muzik

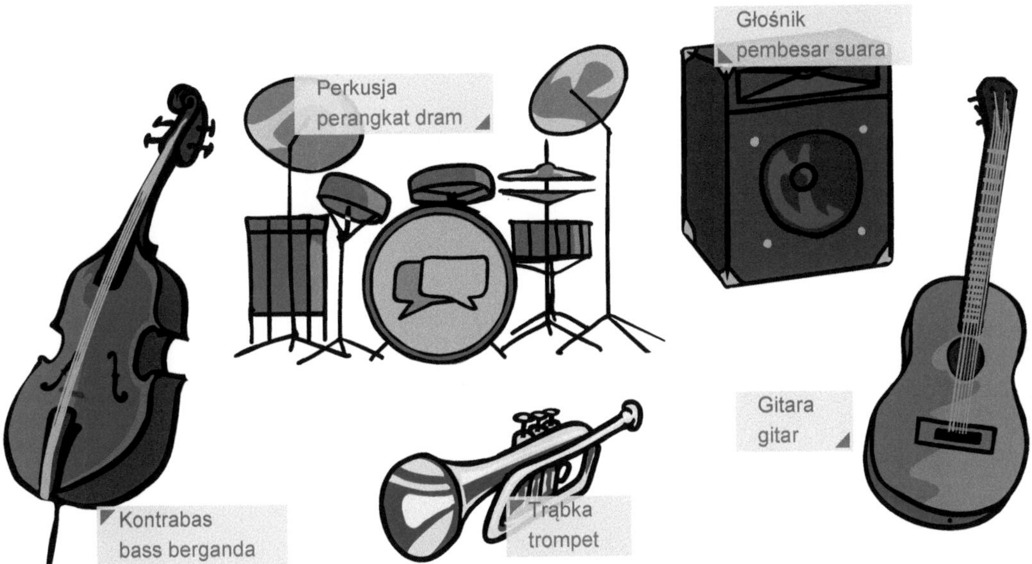

Głośnik
pembesar suara

Perkusja
perangkat dram

Gitara
gitar

Kontrabas
bass berganda

Trąbka
trompet

Pianino

piano

Skrzypce

biola

Bas

bass

Kotły

timpani

Bęben

dram

Keyboard

papan kekunci

Saksofon

saksofon

Flet

seruling

Mikrofon

mikrofon

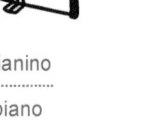

Zoo

zoo

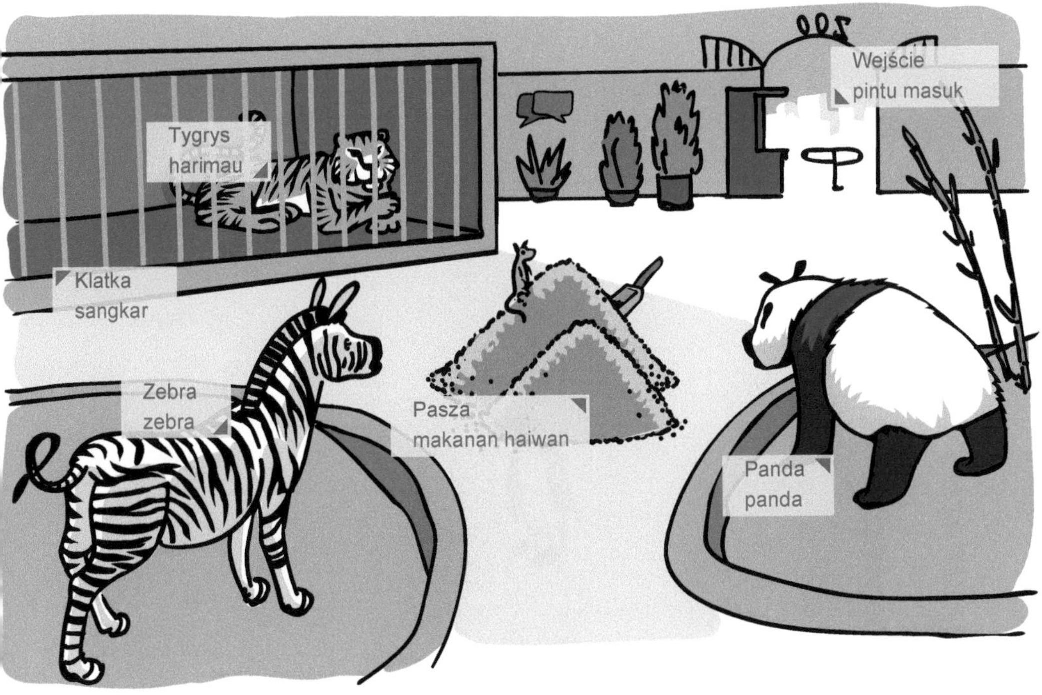
Wejście
pintu masuk
Tygrys
harimau
Klatka
sangkar
Zebra
zebra
Pasza
makanan haiwan
Panda
panda

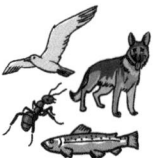

Zwierzęta

haiwan

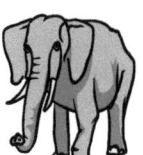

Słoń

gajah

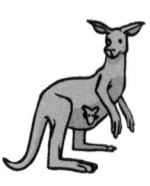

Kangur

kanggaru

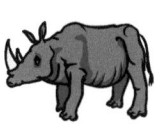

Nosorożec

badak sumbu

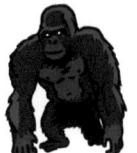

Goryl

gorila

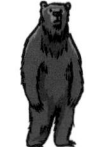

Niedźwiedź

beruang

Wielbłąd

unta

Struś

burung unta

Lew

singa

Małpa

monyet

Fleming

flamingo

Papuga

nuri

Niedźwiedź polarny

beruang kutub

Pingwin

penguin

Rekin

yu

Paw

merak

Wąż

ular

Krokodyl

buaya

Dozorca w zoo

penjaga zoo

Foka

anjing laut

Jaguar

jaguar

Kucyk

kuda

Gepard

harimau

Hipopotam

badak air

Żyrafa

zirafah

Orzeł

helang

Dzik

babi jantan

Ryba

ikan

Żółw

penyu

Mors

anjing laut

Lis

musang

Gazela

rusa

Futbol amerykański
bola sepak Amerika

Kolarstwo
berbasikal

Tenis
tenis

Koszykówka
bola keranjang

Pływanie
renang

Boks
tinju

Hokej na lodzie
hoki ais

Piłka nożna

bola sepak

Badminton

badminton

Lekka atletyka

olahraga

Piłka ręczna

bola baling

Narciarstwo

ski

Polo

polo

śmiać się
ketawa

skakać
lompat

objąć
peluk

iść
berjalan

śpiewać
menyanyi

marzyć
mimpi

modlić się
berdoa

całować
cium

pisać
tulis

rysować
lukis

pokazywać
tunjuk

nacisnąć
tolak

dać
beri

wziąć
ambil

mieć

ada

robić

buat

być

ialah

stać

berdiri

biegać

lari

ciągnąć

tarik

rzucać

buang

spaść

jatuh

leżeć

tipu

czekać

tunggu

nosić

bawa

siedzieć

duduk

zakładać

pakai

spać

tidur

budzić się

bangkit

spojrzeć

lihat pada

płakać

menangis

głaskać

strok

czesać się

sikat

mówić

cakap

rozumieć

faham

pytać

tanya

słyszeć

dengar

pić

minum

jeść

makan

sprzątać

mengemas

kochać

sayang

gotować

masak

jechać

pandu

latać

terbang

żeglować

belayar

liczyć

kira

czytać

baca

uczyć się

belajar

pracować

kerja

wejść w związek małżeński

nikah

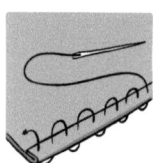

szyć

jahit

myć zęby

memberus gigi

zabić

bunuh

palić tytoń

asap

wysłać

hantar

Rodzina
keluarga

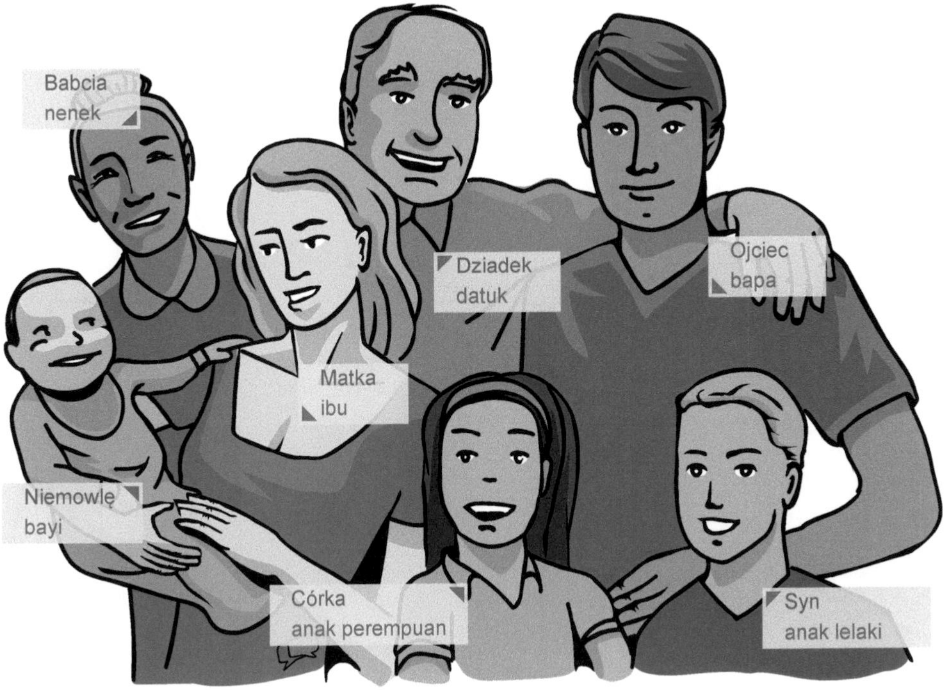

Babcia
nenek
Dziadek
datuk
Ojciec
bapa
Matka
ibu
Niemowlę
bayi
Córka
anak perempuan
Syn
anak lelaki

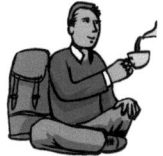

Gość
tetamu

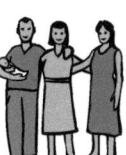

Ciotka
mak cik

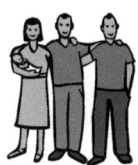

Wujek
pak cik

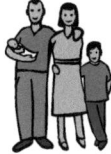

Brat
abang

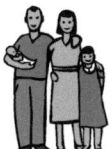

Siostra
kakak

Ciało

badan

Czoło
dahi
Oko
mata
Twarz
muka
Broda
dagu
Pierś
dada
Palec
jari
Ręka
tangan
Ramię
lengan
Ramię
bahu
Noga
kaki

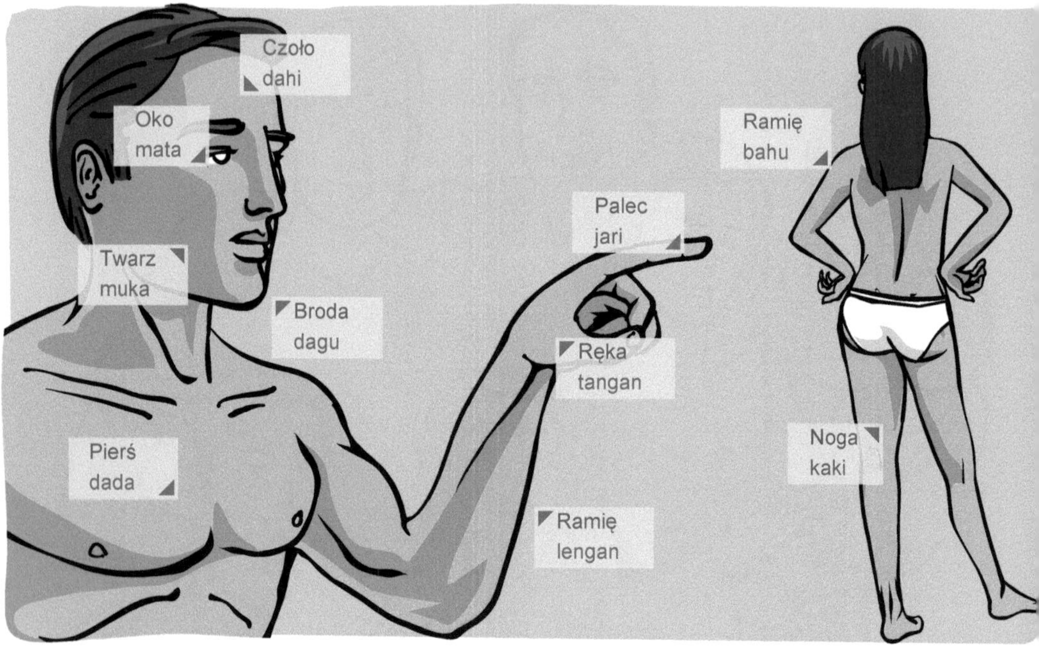

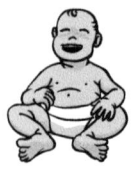

Niemowlę

bayi

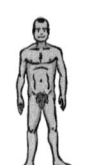

Mężczyzna

lelaki

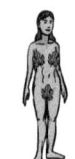

Kobieta

wanita

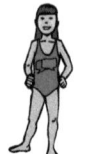

Dziewczyna

perempuan

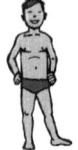

Chłopiec

lelaki

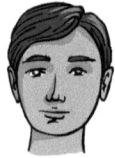

Głowa

kepala

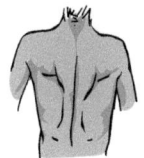

Plecy

belakang

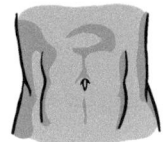

Brzuch

bawah perut

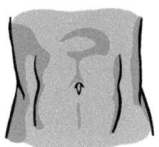

Pępek

pusat

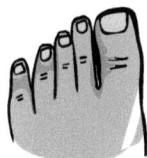

palec nogi

jari kaki

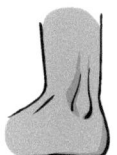

Pięta

tumit

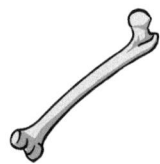

Kość

tulang

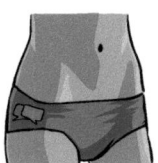

Biodro

pinggul

Kolano

lutut

Łokieć

siku

Nos

hidung

Pośladki

bawah

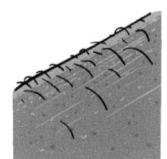

Skóra

kulit

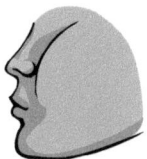

Policzek

pipi

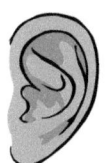

Uszy

telinga

Warga

bibir

Usta

mulut

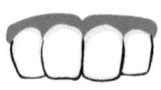

Ząb

gigi

Język

lidah

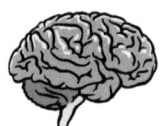

Mózg

otak

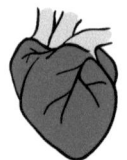

Serce

hati

Mięsień

otot

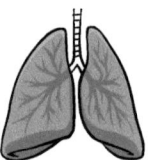

Płuca

paru-paru

Wątroba

hati

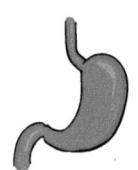

Żołądek

perut

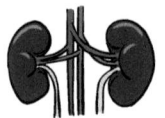

Nerki

buah pinggang

Stosunek płciowy

seks

Kondom

kondom

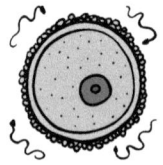

Komórka jajowa

faraj

Sperma

mani

Ciąża

mengandung

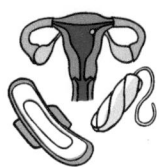

Menstruacja

haid

Wagina

faraj

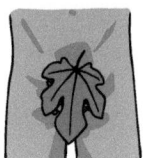

Penis

penis

Brew

kening

Włosy

rambut

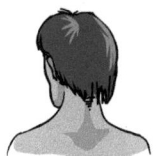

Szyja

leher

Szpital

hospital

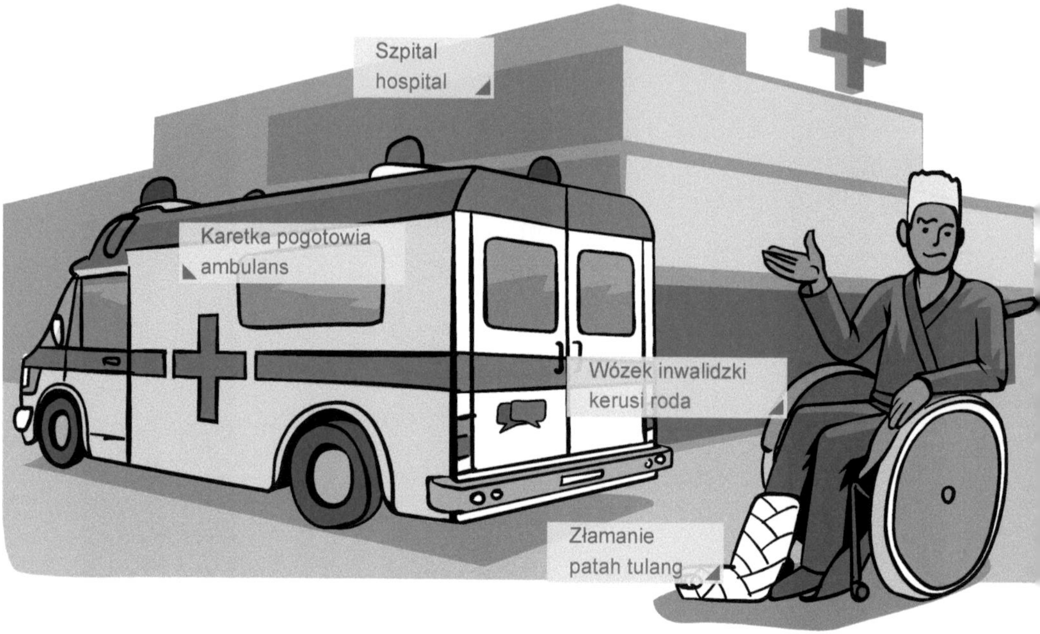

Szpital
hospital
Karetka pogotowia
ambulans
Wózek inwalidzki
kerusi roda
Złamanie
patah tulang

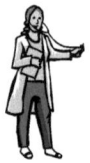

Lekarz

doktor

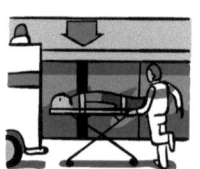

Izba przyjęć

bilik kecemasan

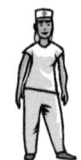

Pielęgniarka

jururawat

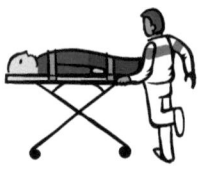

Nagły przypadek

kecemasan

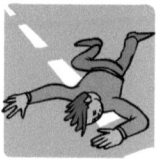

nieprzytomny

tak sedar

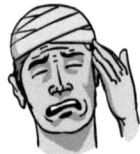

Ból

sakit

Skaleczenie

kecederaan

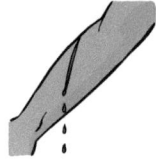

Krwawienie

pendarahan

Zawał serca

serangan jantung

Udar mózgu

strok

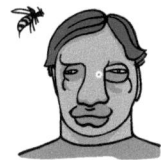

Alergia

alergi

Kaszleć

batuk

Gorączka

demam

Grypa

selesema

Biegunka

cirit-birit

Ból głowy

sakit kepala

Rak

kanser

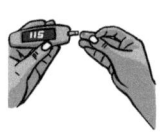

Cukrzyca

diabetes

Chirurg

pakar bedah

Skalpel

pisau bedah

Operacja

pembedahan

CT

CT

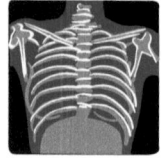

Rentgen

x-ray

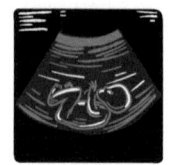

Ultradźwięki

ultrabunyi

Maska

topeng muka

Choroba

penyakit

Poczekalnia

bilik menunggu

Kula

penongkat

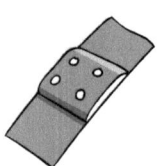

Plaster

plaster

Opatrunek

pembalut

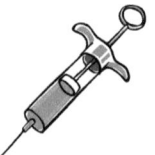

Iniekcja

suntikan

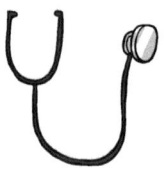

Stetoskop

stetoskop

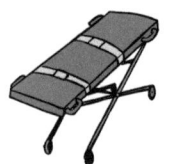

Nosze

pengusung

Termometr

termometer klinik

Poród

kelahiran

Nadwaga

berat badan berlebihan

Aparat słuchowy

alat pendengaran

Środek dezynfekcyjny

disinfektan

Infekcja

jangkitan

Wirus

virus

HIV / AIDS

HIV / AIDS

Medycyna

perubatan

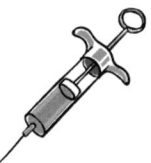

Szczepienie

vaksinasi

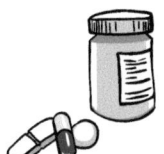

Tabletki

tablet

Pigułka

pil

Telefon ratunkowy

panggilan kecemasan

Ciśnieniomierz krwi

pantau tekanan darah

chory / zdrowy

sakit / sihat

Pomocy!

Tolong!

Alarm

penggera

Napad

serang

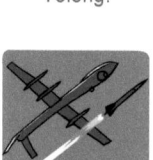

Atak

serangan

Niebezpieczeństwo

bahaya

Wyjście awaryjne

pintu kecemasan

Pożar!

Api!

Gaśnica

alat pemadam api

Wypadek

kemalangan

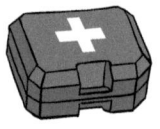

Walizeczka pierwszej pomocy
alat pertolongan cemas

SOS

SOS

Policja

polis

Europa

Eropah

Ameryka Północna

Ameryka Utara

Ameryka Południowa

Amerika Selatan

Afryka

Afrika

Azja

Asia

Australia

Australia

Atlantyk

Atlantic

Pacyfik

Pasifik

Ocean Indyjski

Lautan Hindi

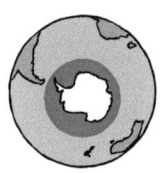

Ocean Antarktyczny

Lautan Antartik

Ocean Arktyczny

Lautan Artik

Biegun północny

Kutub utara

Biegun południowy

Kutub Selatan

Antarktyda

Antartika

Ziemia

bumi

Kraj

tanah

Morze

laut

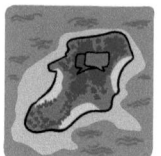

Wyspa

pulau

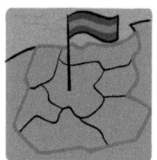

Naród

negara

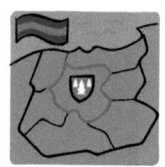

Państwo

negeri

Cyferblat

muka jam

Wskazówka godzinowa

tangan jam

Wskazówka minutowa

tangan minit

Wskazówka sekundowa

terpakai

Która godzina?

Jam berapa sekarang

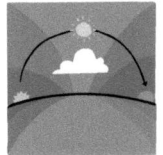

Dzień

hari

Czas

masa

teraz

sekarang

Zegarek digitalny

jam digital

Minuta

minit

Godzina

jam

Tydzień
minggu

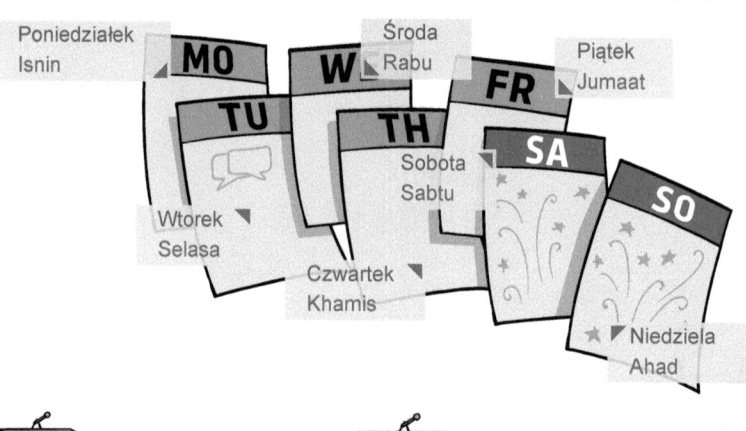

Poniedziałek
Isnin

Środa
Rabu

Piątek
Jumaat

Wtorek
Selasa

Sobota
Sabtu

Czwartek
Khamis

Niedziela
Ahad

wczoraj

semalam

dzisiaj

hari ini

jutro

esok

Rano

pagi

Południe

tengah hari

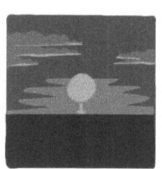

Wieczór

petang

MO	TU	WE	TH	FR	SA	SU
1	2	3	4	5	6	7
8	9	10	11	12	13	14
15	16	17	18	19	20	21
22	23	24	25	26	27	28
29	30	31	1	2	3	4

Dni robocze

hari kerja

MO	TU	WE	TH	FR	SA	SU
1	2	3	4	5	6	7
8	9	10	11	12	13	14
15	16	17	18	19	20	21
22	23	24	25	26	27	28
29	30	31	1	2	3	4

Weekend

hari minggu

Rok
tahun

Tęcza
pelangi
Deszcz
hujan
Wiatr
angin
Śnieg
salji
Wiosna
musim bunga
Jesień
musim luruh
Lato
musim panas
Zima
musim salji

4.APRIL 11°
5.APRIL 4°
6.APRIL 13°
7.APRIL 8°
8.APRIL 10°

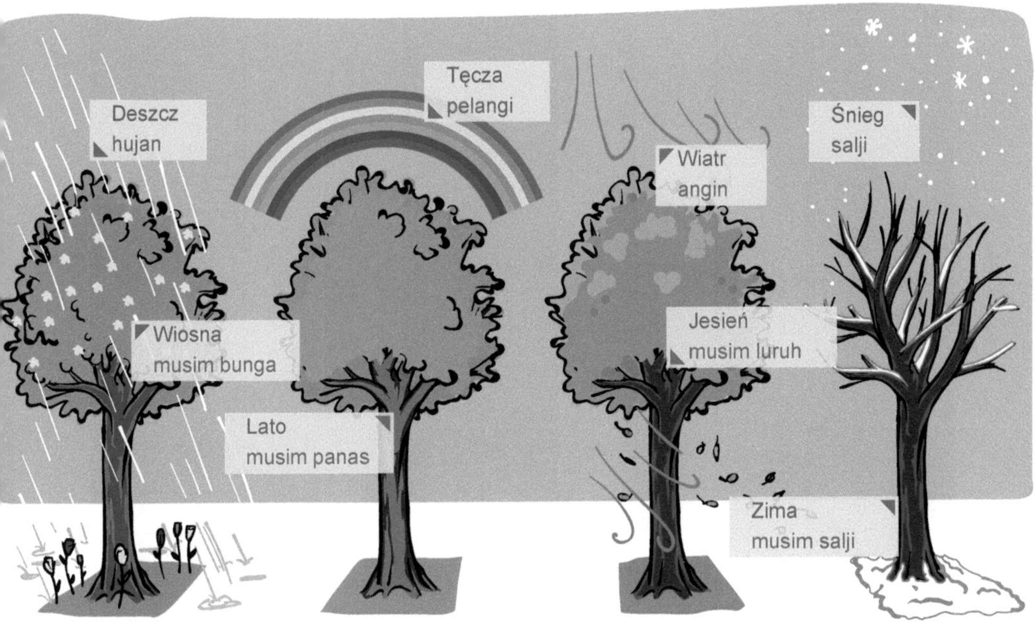

Prognoza pogody

ramalan cuaca

F C
120 40
90 30
60 20
30 10
0 0
-30 -10
-20

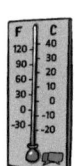

Termometr

termometer

Światło słoneczne

sinar matahari

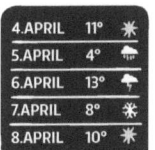

Chmura

awan

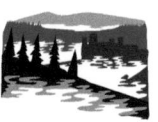

Mgła

kabus

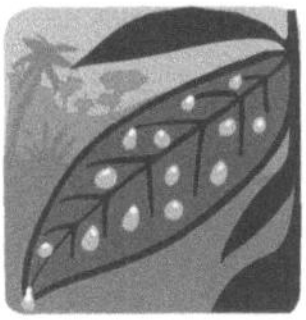

Wilgotność powietrza

lembapan

Błyskawica

kilat

Grzmot

petir

Sztorm

ribut

Grad

hujan batu

Monsun

monsun

Potop

banjir

Lód

ais

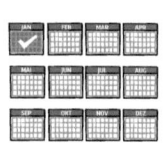

Styczeń

Januari

Luty

Februari

Marzec

Mac

Kwiecień

April

Maj

Mei

Czerwiec

Jun

Lipiec

Julai

Sierpień

Ogos

Rok - tahun

Wrzesień
....
September

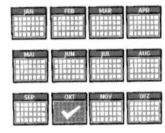

Październik
....
Oktober

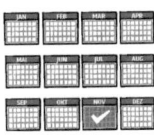

Listopad
....
November

Grudzień
....
Disember

Kształty
bentuk

Koło
....
bulatan

Kwadrat
....
petak

Prostokąt
....
segi empat tepat

Trójkąt
....
segitiga

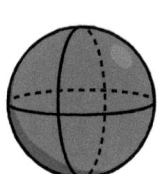

Kula
....
sfera

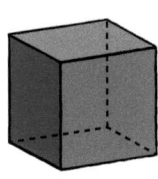

Sześcian
....
kiub

biały
....
putih

żółty
....
kuning

pomarańczowy
....
oren

różowy
....
merah jambu

czerwony
....
merah

liliowy
....
ungu

niebieski
....
biru

zielony
....
hijau

brązowy
....
coklat

szary
....
kelabu

czarny
....
hitam

dużo / mało

banyak / sedikit

wściekły / spokojny

marah / tenang

piękny / brzydki

cantik / hodoh

początek / koniec

bermula / tamat

duży / mały

besar kecil

jasny / ciemny

terang / gelap

brat / siostra

abang / kakak

czysty / brudny

bersih / kotor

kompletny / niekompletny

lengkap / tidak lengkap

dzień / noc

hari / malam

umarły / żywy

mati / hidup

szeroki / wąski

luas / sempit

jadalny / niejadalny

boleh dimakan / tidak boleh dimakan

zły / uprzejmy

jahat / baik

podniecony / znudzony

teruja / bosan

gruby / chudy

gemuk / kurus

najpierw / na końcu

pertama / terakhir

przyjaciel / wróg

kawan / musuh

pełen / pusty

penuh / kosong

twardy / miękki

keras / lembut

ciężki / lekki

berat / ringan

głód / pragnienie

lapar / dahaga

chory / zdrowy

sakit / sihat

nielegalny / legalny

menyalahi undang-undang / undang-undang

inteligentny / głupi

pintar / bodoh

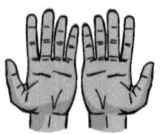

lewo / prawo

kiri / kanan

bliski / daleki

dekat / jauh

nowy / używany

baru / lama

nic / coś

tiada / sesuatu

stary / młody

tua / muda

włącz / wyłącz

hidup / mati

otwarty / zamknięty

terbuka / tertutup

cichy / głośny

diam / bising

bogaty / biedny

kaya / miskin

prawidłowy / błędny

betul / salah

chropowaty / gładki

kasar / halus

smutny / szczęśliwy

sedih / gembira

krótki / długi

pendek / panjang

powolny / szybki

lambat / laju

mokry/suchy

basah / kering

ciepły / chłodny

panas / sejuk

wojna / pokój

berperang / berdamai

Liczby

nombor

0	**1**	**2**
zero	jeden	dwa
sifar	satu	dua

3	**4**	**5**
trzy	cztery	pięć
tiga	empat	lima

6	**7**	**8**
sześć	siedem	osiem
enam	tujuh	lapan

9	**10**	**11**
dziewięć	dziesięć	jedenaście
sembilan	sepuluh	sebelas

12

dwanaście

dua belas

13

trzynaście

tiga belas

14

czternaście

empat belas

15

piętnaście

lima belas

16

szesnaście

enam belas

17

siedemnaście

tujuh belas

18

osiemnaście

lapan belas

19

dziewiętnaście

Sembilan belas

20

dwadzieścia

dua puluh

100

sto

ratus

1.000

tysiąc

ribu

1.000.000

milion

juta

Języki

bahasa-bahasa

Angielski

Bahasa Inggeris

Angielski amerykański

Bahasa Inggeris Amerika

Chiński mandaryński

Bahasa Cina Mandarin

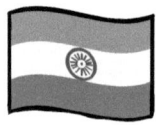

Hindi

Bahasa Hindi

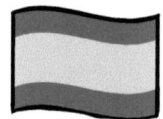

Hiszpański

Bahasa Sepanyol

Francuski

Bahasa Perancis

Arabski

Bahasa Arab

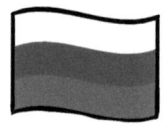

Rosyjski

Bahasa Rusia

Portugalski

Bahasa Portugis

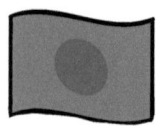

Bengalski

Bahasa Benggali

Niemiecki

Bahasa Jerman

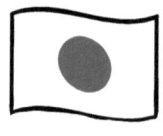

Japoński

Bahasa Jepun

ja

saya

ty

anda

on / ona / ono

dia / dia / ia

my

kita

wy

anda

oni

mereka

kto?

siapa?

co?

apa?

jak?

bagaimana?

gdzie?

di mana?

kiedy?

bila?

Nazwisko

nama

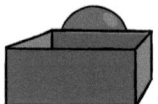

za

belakang

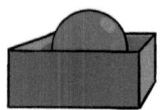

w

dalam

przed

di hadapan

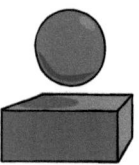

powyżej

lebih

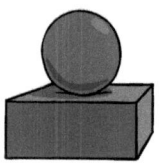

na

pada

pod

di bawah

obok

bersebelahan

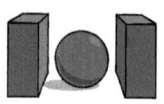

między

antara

Miejsce

tempat